SOCORRO!
TENHO UM SÓCIO

Luiz Almeida Marins Filho, Ph.D.

SOCORRO!
TENHO
UM SÓCIO

SOCORRO! TENHO UM SÓCIO

Publicado em 1987 pela **EDITORA HARBRA LTDA.**
Rua Joaquim Távora, 609 - Vila Mariana
04015 - São Paulo - SP
Telefones: 549-2244 e 571-0276

Impresso no Brasil *Printed in Brazil*

À sociedade que deu certo:
Ana Cristina, Aluísio, Túlio & Caio, dedico este livro.

AGRADECIMENTOS.

O incentivo e a força de Ana Cristina e a paciência de meus "sócios" Aluísio, Túlio e Caio, tornaram este livro possível. Agradeço pelo passado, presente e futuro. Ter um sócio como eu, sei que não é fácil: só por amor.

Ao Paulo de Tarso Simões de Almeida, sem dúvida um dos mais competentes artistas gráficos que já conheci, pela dedicação e pela crença, a minha gratidão sem fim.

Ao amigo e empresário competente, Waldemar Verdi Júnior, que colocou todos os meios à disposição para que este livro viesse à luz, os meus agradecimentos pelo incentivo e pelos ensinamentos que dele venho recebendo a cada dia.

E a todos os que vão buscar, neste livro, um alívio para os seus dramas societários, a gratidão pela confiança e as desculpas por não poder fazer milagres...

INTRODUÇÃO

Este livro foi escrito para todos aqueles que têm um ou mais sócios, parentes ou não.

Ter sócio ou sócios é, sem dúvida alguma, "padecer no paraíso" como dizia o poeta. E, quando esse ou esses sócios são ainda "parentes", neste país onde as famílias são "super unidas" (sic) e têm uma instituição que é um misto de horror, delícia, prazer e desespero que é o "almoço de domingo", o processo fica ainda mais sério e incrivelmente complicado.

Ter sócio é partilhar o impartilhável: o dinheiro! E como ele tem que ser dividido, uma série de "mágicas", manobras, subterfúgios e muita falsidade entram em jogo. Uma lei básica tem que ser mantida: A aparência de que tudo está sempre bem! Mas, embora as pessoas que são sócias pensem que ninguém sabe, é absolutamente transparente o fato de que as mulheres não se suportam, os filhos competem, as cunhadas formam um grupo à parte e os genros são tidos como "aves de arribação", fingindo não se importar com o dinheiro do sogro ou sogros.

Neste pequeno livro, vamos dar uma olhada justamente nestas mágicas e nesse processo incrível de dissimulação que é a "Sociedade".

Procuraremos, também, dar alguns conselhos práticos para aqueles que ainda têm ou precisam ardentemente encontrar paciência para manter sua sociedade e de relance vamos dar uma olhada no "drama da sucessão", este sim, muito maior do que o da própria sociedade em primeira geração.

Julho, 1985

"NO PRINCÍPIO ERA O VERBO..."

Tudo sempre começa com as melhores intenções. Estão todos imbuídos de um espírito de luta e cooperação de fazer inveja a qualquer bando de babuínos numa caçada. Nas primeiras reuniões fazem planos, juras de amizade eterna e só vêem as imensas vantagens da sociedade:
"– Somos tão amigos!"
"– Já que somos parentes, nada mais lógico que sermos sócios e ganharmos dinheiro juntos!"

As esposas fazem café com pipoca juntas para comemorar a brilhante idéia de seus maridos e prometem uma vida espartana para, pela ajuda mútua, fraternidade e eterna cooperação, alcançar as benesses da riqueza. Como são mães, logo pensam nos filhos, nos genros, na família inteira, geração após geração unida, trabalhando e ganhando muito dinheiro juntas, felizes, harmoniosas a cada dia que passa.

No princípio, portanto, era o "verbo", isto é, a palavra, as promessas, as boas intenções.

As reuniões são constantes e quase diárias. E as esposas estão sempre juntas, fazendo planos, propondo ações de atendimento a clientes e pensando na decoração mais bonita e econômica para a nova empresa que precisa ser "a melhor da cidade" e ao mesmo tempo atraente, chamativa, e acima de tudo "moderna".

Aqui já há uma primeira discussão sobre as "secretárias" dos maridos. Elas (as esposas) reconhecem que não podem ser umas "bruxas", mas também já deixam claro que não vão admitir nenhuma "miss" para passar o dia com o marido. O envolvimento e a cooperação são completos...

Os sócios continuam fazendo planos sobre clientes, capital, casa ou salão para começar o negócio e para isso lançam mão de todas as amizades possíveis, de todo o conhecimento possível e de todas as promessas aceitas. Cada coisa conseguida é festejada triunfalmente. Um arranjou quem alugasse o telefone, outro o galpão, outro os primeiros dois clientes e assim por diante. O negócio começa a tomar forma e os sócios começam a vislumbrar desde já o sucesso que virá. Juram fidelidade e trabalho. Cooperação e harmonia. Comentam sobre a união das esposas:

"– Eu sabia que elas se dariam bem!"
"Você ainda não viu nada!" diz o outro.
"Espere quando a coisa começar pra valer!"

E, eufóricos, vão dormir, mas mal conseguem pegar no sono, pois ficam a maior parte da noite comentando com as esposas o sucesso da nova sociedade.

UNIDOS NA POBREZA

E essa união e cooperação da fase pré-operacional da sociedade, perdura por algum tempo. Geralmente ultrapassa o primeiro ano e até o segundo.

Os primeiros meses são duríssimos. Todos trabalham até tarde da noite e no final do mês todo o dinheiro vai para as "contas". Mas, não faz mal, "começo é assim mesmo" diz um sócio. O outro emenda: "– Uma firma só dá lucro depois de três anos. O começo é fogo mesmo!"

Incentivados pelas esposas que à noite levam uma sopa ou um lanche até à firma para que eles (os maridos) possam trabalhar mais e não precisem perder tempo em vir para casa, os sócios fazem a sociedade crescer com uma rapidez incrível. No final de cada expediente, os donos ainda se reúnem com seus empregados (um ou dois ou três) e os incentivam dizendo que a empresa vai indo bem, que já conseguiu mais tantos clientes, etc. Pedem a confiança deles e vislumbram um futuro brilhante para os futuros "gerentes", quando a empresa crescer.

Nesta fase, as esposas dos sócios levam um lanchinho até para esses funcionários, "para que eles não reclamem de fazer horas-extras". **"Tudo pela firma"** é o lema que domina a vida não só dos sócios, mas das famílias dos sócios.

Nesta fase de trabalho e pobreza a união é perfeita. Ninguém tira nada a não ser para o essencial de comer (pouco) e vestir (barato).

QUANDO O NEGÓCIO COMEÇA A CRESCER

As coisas realmente começam a ficar complicadas, exatamente quando a fase da extrema dificuldade entra para as reminiscências e lembranças "dos dias difíceis".

Quando o negócio começa a crescer, começam a brotar as chamadas "individualidades" dos sócios. Um quer trabalhar cada vez mais para ficar rico logo. Outro quer aproveitar que as dívidas já estão pagas (ou quase) e começar a viajar, curtir um pouco da vida, entrar no Rotary Club ou no Lions e comprar um título do Country Club.

Essas diferenças de estilo são quase sempre os primeiros sintomas, para ambos, de que a coisa não vai dar muito certo pela frente. Um é acusado de ser "ganancioso" e só querer trabalhar como um burro de carga. O outro é acusado de "perdulário" e até de "ridículo" e "novo rico". E, os comentários quase sempre são assim:

"– Olha mulher, se ele quer ficar sentado em cima do dinheiro e morrer enfurnado naquela empresa, eu não ligo, mas nós vamos é passear, viajar, viver a vida. Afinal, para que serve o dinheiro? Eu é que não vou ser escravo do trabalho!"

Enquanto que o outro diz para a sua esposa, sobre o primeiro:

"– Ele pensa que dinheiro cai do céu! Não vê que os tempos não estão para se gastar à toa. Imagine que eu vou deixar ele moer o nosso dinheiro em hotéis! Dinheiro suado como este não é para ser posto fora desse jeito! Depois que a gente ficar rico, daí sim, ele que faça o que quiser **com a parte dele!"**

E o problema está justamente quando os sócios começam a falar da **"parte dele"**. É justamente a consciência de que a sociedade não é um todo, mas um conjunto frágil de duas ou mais partes!

A GUERRA SURDA DAS ESPOSAS

Mas a situação começa a ficar grave através das esposas. É bom lembrar que no Brasil, se o homem é a **cabeça do casal,** a mulher é o "pescoço", e isto quer dizer que **a cabeça só vira para onde o pescoço quer!**

E as esposas que estavam se dando maravilhosamente bem, quando o negócio começa a ficar maior e mais próspero, começam uma surda batalha através das armas modernas da sociedade de consumo: jóias, roupas, cabeleireiros e que tais. Basta que uma tome a iniciativa de mostrar a sua individualidade para que a outra se arme até os dentes e a guerra tem início com todas as nuances e características de verdadeiras batalhas. E,enquanto a guerra não é declarada, vale o velho ditado latino: "Se vis pacem, para bellum", i.e., "Se queres a paz, prepara-te para a guerra!"

E como nos mais modernos países do mundo, a primeira fase da guerra é a **busca de "informações"** sobre o outro lado:

"– Fiquei sabendo que a esposa de seu sócio encomendou um novo conjunto de sala na loja mais cara de São Paulo..." E os detalhes são requeridos para que haja a "revanche" que tem o seguinte diálogo:

"–Querido, estou pensando em reformar a nossa cozinha. Afinal ela está tão velha e os armários,além de fora de moda, estão juntando barata nos cantos..."

O marido não entende o motivo daquela repentina decisão de reformar a cozinha e mal sabe que é o início de uma guerra sem fim na sociedade, através das esposas.

Os maridos começam a ser surpreendidos com vontades,as mais esdrúxulas e estranhas possíveis, que culminam sempre com uma viagem ao exterior **com a máxima urgência.** E o motivo, embora o marido não saiba e jamais desconfie, é que sua mulher soube que a mulher de seu sócio andou buscando catálogos de excursões numa agência de turismo. E não adianta o marido querer saber o motivo "real" dessas vontades. A mulher jamais falará a verdade. Dirá sempre que leu numa revista ou viu algo na televisão. E quase sempre dirá coisas como:

"– Ir para a Europa é bom para Você. Agora Você é um **empresário** e precisa conhecer outros mundos, arejar a cabeça, ver coisas novas. Além disso, outro dia nosso filho estava dizendo que todos os pais dos colegas dele já foram à Europa e só Você ainda não..."

E os famosos "pais dos colegas dos filhos" são outro tormento na vida. Tudo isso porque o filho, que até então estudava num colégio do Estado, foi repentinamente mudado, pela mãe, para uma cara escola particular. Não ficava bem o filho de um empresário frequentar uma escola pública, onde "o nível de ensino é tão baixo..."

O ALMOÇO DE DOMINGO

E para os sócios que além de sócios são parentes entre si, há a indefectível instituição brasileira chamada "O ALMOÇO DE DOMINGO ".

Esse é o verdadeiro palco das surdas batalhas entre os sócios, suas esposas, seus filhos, com infalíveis intermediações provocativas dos pais, sogros, primos pobres, cunhadas e cunhados.

Tal como na sociedade primitiva onde o costume da evitação proíbe alguns graus próximos de parentesco de falarem entre si diretamente, também o almoço de domingo é usado para "mandar recados" à outra parte da sociedade, via sogro, sogra, tios, cunhados e quem mais esteja disponível para ser o ouvinte intermediário. E tudo é feito na mais santa (sic) dissimulação. As frases, palavras, opiniões, são lançadas sempre da forma "como quem não quer nada" e todas tem uma ponta para fisgar o fígado do sócio mulher e filhos.

Comentários inocentes sobre terceiros que de fato não existem na vida real, mas são personagens imaginários criados para "dar o recado" ao outro, são comuns:

"– Imagine, mamãe, - diz a esposa de um dos sócios-parentes, - que uma amiga minha contou que as roupas da butique tal (onde ela soube que a esposa do sócio de seu marido tem comprado) são mais caras e muito inferiores ao de qualquer outra loja. Como tem gente boba neste mundo! Paga mais caro só para aparecer e dizer que compra em tal butique!"

E como quem não entendeu o recado a outra emenda:

"– E eu tenho visto tanta gente boa louca para comprar nessa butique porque dizem que lá a qualidade é muito superior. É que como os preços são mais caros, tem gente que não pode comprar lá e então fala mal dos produtos. A senhora sabe como é. Quem não tem 'status' sempre procura diminuir as coisas..."

E a guerra segue firme, de batalha em batalha e de assunto em assunto:
"– O Antoninho (filho de uma delas) teve dez em inglês no Colégio e a professora disse que ele tem um dom incrível para idiomas estrangeiros..."

Ao que a outra emenda:
"– A orientadora do Colégio do Paulinho (seu filho) disse que quem é bom em línguas estrangeiras é quase sempre ruim em matemática, será verdade?? Eu não acreditei..."

E o almoço termina e a guerra continua até que todos saem (sempre juntos para que ninguém fique por último e seja alvo de mordazes e aí diretas críticas por parte dos que ficaram). E os comentários das batalhas passam para a casa de ambos os sócios:

"– Você viu aquela mulherzinha do seu sócio! Eu bem disse que Você nunca deveria ter dado sociedade para aquele coitado. Ela sempre mandou nele e agora pensa que é gente!!" (Aqui o diálogo vale para as duas...)

No domingo seguinte, todos se encontram no mesmo horário e local, sorridentes e felizes (sic) para mais uma batalhazinha.

E, por incrível que possa parecer, esse é um compromisso ao qual ninguém falta. E o medo?

AFINAL, QUEM É O DIRETOR PRINCIPAL?

Como tudo começou em igualdade, uma das principais dificuldades da sociedade é saber afinal, quem é o diretor principal.

Essa é outra "guerrinha" que vai se estabelecendo no dia a dia. Cada decisão traz, em seu bojo, pontos que vão sendo acumulados para o futuro.

Decisões são tomadas de forma a considerar que, por certo, a outra parte **concordaria, se fosse consultada**. E o mais afoito em falar em nome do outro **sem consultar,** vai assumindo uma posição de **"Diretor Principal"**. E, vai assumindo e ocupando os espaços.

Esse tipo de sócio geralmente consulta o outro DEPOIS que a decisão já foi tomada e é quase-irreversível. Os diálogos são quase sempre assim:

"– Você não estava aí pela manhã e eu autorizei uma propaganda no rádio para aquela festa em benefício da Creche. Achei que Você não iria se importar..."

E se o outro sócio deixa passar a primeira decisão isolada, em seguida virão outras e outras, cada vez de importância maior, sempre com a desculpa inicial, "**Você não estava**" ou "**Você estava ocupado na oficina...**" e com um infalível fecho: "**... achei que Você não iria se importar.**"

E,assim, um dos sócios, o que mais decide **pequenas coisas,** vai assumindo para o público, clientes, amigos, o papel de "diretor principal" ou "aquele que decide **tudo**".

E quando o outro sócio perceber, já perdeu toda a capacidade de decisão, principalmete frente aos empregados. Essa consciência geralmente chega,quando um grupo de velhos da Santa Casa de Misericórdia ou de velhinhas do Club da Lady perguntam para ele a que horas poderão encontrar **o seu sócio** para solicitar um donativo ou patrocínio para um chá. Aí o sócio vê que ele, de repente, virou o nº 2.

Um pouco mais tarde ele vai descobrir que o seu sócio andou falando que ele (o nº 2) tem só 30% da sociedade... E que para o cadastro do Banco disse ser **"Diretor Presidente"**!

ALGUMAS DICAS PARA SABER QUEM MANDA

Para saber qual dos sócios realmente é o que "manda", é um erro procurar **grandes decisões.** Nas decisões mínimas Você encontrará realmente o sócio principal.

Verifique coisas como:

a) Para quem os funcionários pedem aumento;

b) Para quem as pessoas da cidade pedem donativos;

c) Quem pára o carro na vaga na esquerda;

d) Quem o vigia chama de "chefe";

e) Para quem a mulher do café leva café primeiro;

f) A mulher de quem a telefonista chama de "patroa". (a mulher do outro sócio ela chama de "Oi, bem...");

g) Quem foi o primeiro a ser convidado para o Rotary...

E outras pequenas "dicas" que são altamente evidenciadoras do "status" de empresário principal nesta terra de Cabral.

QUANDO UM DELES SÓ QUER TRABALHAR

Há pessoas que contraem muito cedo na vida a **TSP - síndrome de "Trabalhar Sem-Parar"** e passam a vida inteira metidas em seus trabalhos e não se lembram mais de nada, nem da família, nem de passeios, nem de lazer, nem de "hobbies", etc. Tudo isso para essas pessoas, são "coisas de Lúcifer", e do mundo demoníaco em que vivemos envoltos num clima hedonístico de busca incessante do prazer, pelo prazer.

Conheço pessoas que têm sócios vitimados por essa síndrome de efeitos dos mais desastrosos para qualquer sociedade. É claro que não somos apologistas da vadiagem, nem mesmo do tipo de sócio que **não quer nada com nada** e vítima de uma outra síndrome, a NENA - **síndrome do "Não Estou Nem Aí"**. Mas, a verdade é que ambos os tipos são muito difíceis para qualquer convivência.

Conheço casos em que um dos sócios sofre de insônia, causada pela síndrome do Trabalhar Sem-Parar e que às 6h já está na empresa e controla o próprio vigia que se sente desconcertado ao ver que o patrão deixa a empresa às 11h da noite e às 6h da manhã já está lá "vigiando o vigia". Essas pessoas são profundamente irritadas com o atraso dos outros a quem chamam de "vagabundos" e "preguiçosos" e dizem a todos os ventos que não sabem como alguém consegue ficar na cama até às 7 horas!

Às 8 horas, quando o outro sócio chega, ele já está "suado de tanto trabalhar" e já brigou com metade dos funcionários subalternos que entram às 7 horas.

Esse tipo de sócio, quase sempre ansioso e infeliz, sempre tem uma secretária tão chata quanto ele, que também tem a "tara" de controlar os cartões-de-ponto de todos os funcionários e fica "dedurando" todos os "folgados" da empresa. Para essa gente, trabalhar é "acordar cedo"! São os maiores admiradores do dito popular: "Deus ajuda quem cedo madruga..."

Mas também, esse tipo de sócio é daqueles que quer reuniões aos domingos pela manhã, logo às 8h (mais tarde um pouco, pois, afinal, é domingo...) e que antes das 9 horas da noite já está no 5° sono e não admite ser interrompido. "Noite foi feita para se dormir!"

Mas o melhor **dia de trabalho** desse tipo de sócio, como já disse, é mesmo o domingo. Logo pela manhã, ele dá uma "chegadinha" até a empresa. Geralmente ele mora perto da firma, para facilitar as idas e vindas fora do horário.

Esse sócio é aquele que diz a todos os ventos que "carrega sozinho a sociedade nas costas" pois o outro... chega às nove!

Mas o que ele fica mais louco com o outro sócio é por causa do **"exemplo"**. E vive dizendo:
"– Não é que eu queira mandar na sua vida e fazer Você chegar às sete todos os dias. O problema é o **exemplo!** Os empregados, como vêem que Você chega às oito e meia, nove horas, a Diretoria perde a autoridade para chamar a atenção deles. Eles poderão dizer:
"– E Dr. Fulano, a que horas chega?? "E aí não temos o que dizer. Faça um esforço e chegue, pelo menos três dias por semana às 7..."

E esse motivo do horário e outros como trabalho e reuniões aos sábados à tarde e domingos bastam para que a sociedade seja um peso para ambos.

QUANDO UM VAI PARA DISNEYWORLD E AINDA POR CIMA LEVA A MULHER E OS FILHOS!

É A Declaração de Guerra! A mulher do que fica, logo diz:
"– Não digo que Você é o trouxa da Sociedade?"

E continua:
"Você nunca pode sair. Se Você sair a firma fecha! Mas o "boneco" vai para Campos do Jordão, Guarujá e agora para Disneyworld! Você precisava ver a cara da mulher dele contando para nossos filhos! É claro que eu não disse nada até desejei 'Boa Viagem', mas bem que o avião podia cair..."

E continua:
"Também, acabou! No ano que vem **EU** vou para a Europa com as crianças. Se Você quiser ir, vá. Se não quiser, fique! Fique cuidando da sua firma querida enquanto o espertalhão do Fulano (o sócio) passeia e gasta o seu dinheiro!"

E,na esteira dessa viagem que o outro sócio decidiu fazer,a esposa do sócio que fica faz a rememoração de todos os périplos, das jóias que a outra tem, dos brinquedos dos filhos do outro e assim por diante.

Embora as diferenças individuais entre os sócios já fossem conhecidas desde o início da sociedade, o uso que cada sócio faz de suas retiradas e as opções de lazer que faz com sua família é que na verdade marcam profundamente as diferenças, que, no Brasil, principalmente com a empresa pequena e média, têm o envolvimento direto da família.

Há pessoas (sócios) que não têm prazer ou simplesmente não viajam e guardam todo o dinheiro que retiram comprando propriedades ou reinvestindo em outros negócios particulares. Há outros, no entanto, que preferem passear com a família, ter casas de veraneio, barcos, etc. Esses últimos são sempre tidos como "boas vidas" e o primeiro como o "trabalhador" da sociedade.

Os problemas ocorrem de forma mais grave quando um dos sócios deseja sempre reinvestir os lucros na empresa e o outro deseja uma retirada pessoal maior para realizar projetos individuais, fora da sociedade. Esses casos podem tornar-se realmente sérios e geralmente acabam se configurando em extremos de enormes retiradas que sangram a empresa ou de um estóico empobrecimento pessoal dos sócios em favor do **crescimento cada vez maior** da empresa.

O SÓCIO ASSUMIDO

"Sócio assumido" é aquele que diz sempre:
"– Sociedade é assim mesmo!" ou ainda
"– Sociedade é fogo, mesmo!"
e outras frases feitas de autoflagelo como:
"Não há sociedade perfeita"; ou ainda
"Quem quer ter sócio e ficar rico tem mesmo
que aprender a engolir sapos".

Esses são os sócios que enfartam aos 47 anos mais ou menos, talvez um pouco mais, dependendo dos anos de sociedade que possuam. Na verdade passam a vida numa empresa com a qual não concordam. Ouvem seus amigos reclamarem de sua empresa e ficam calados remoendo com seus botões como seria diferente e melhor sem sócio, que o atrapalha, tolhe, etc.

Sócio assumido é aquele cuja sociedade foi na verdade assumida **pelo outro** e não por ele. Apesar de que conheço vários casos (e não são poucos) em que todos os sócios são assumidos, "mártires" e infelizes. Nesses casos, a sociedade (a empresa) não prospera, não arrisca, não vai ao encontro dos desafios do mercado, fica estagnada e sofre de um terrível envelhecimento precoce. Se não morre é porque tem chama apenas para sobreviver.

Geralmente ocorre esse tipo de sociedade quando no começo houve muita discussão e muitas desavenças. Daí, os sócios ou um deles resolveu acomodar-se para que as discussões parassem. Mas com isso, geralmente, a própria empresa passou a assimilar essa acomodação, extremamente perigosa, principalmente nos dias atuais de rápidas mudanças.

O sócio assumido, no sentido pejorativo que demos neste capítulo, tem que na verdade, voltar a ASSUMIR o seu papel e rediscutir a sua empresa e o seu papel. Fazer uma autocrítica e ver se sua empresa também não está inerte num mundo em constante desenvolvimento. Às vezes é preciso procurar-se uma discussão madura, séria para benefício da própria empresa, do que uma "détente" mortal a médio prazo para a sociedade e para a empresa.

A LUTA SUCESSÓRIA

Eis aqui um dos mais sérios problemas de uma sociedade: a SUCESSÃO.

Sem dúvida alguma é uma das mais graves preocupações dos titulares empresariais. Nem sempre, em primeiro lugar, os sócios têm filhos. Quando os têm, as idades são diferentes e com diferenças às vezes muito grandes. Um tem filhos moços, outro, ainda crianças. Um poderá ter só filhas e conforme a educação dada pela família, poderão ser totalmente desinteressadas das atividades empresariais. O problema, portanto, é sério. Às vezes os filhos são em grande número e há aqueles que demonstram desde a infância uma certa aptidão ou desejo de assumir. Há os que não querem **"nem ouvir falar da empresa!"**

Como se vê, o problema sucessório não é só um problema que afeta a sociedade. Afeta a própria empresa familiar na parte de cada um dos sócios. Há, portanto, antes mesmo da discussão societária a discussão familiar sobre quem ou quais serão aqueles que irão ter maior desempenho na empresa.

Nas empresas familiares brasileiras, a tendência das famílias é **"ir colocando os filhos na empresa"**. Como quem não quer nada, para ver o "desempenho dos meninos" os sócios vão enchendo a empresa de filhos, que, quase sempre, na qualidade de "filhos do Dono", pouco fazem e muito atrapalham o dia-a-dia da empresa e ainda por cima desestimulam os funcionários que vêem que não terão chance de subir na empresa, lotada, desde já, pelos "parentes dos Donos".

E na sociedade a coisa começa a se complicar quando um dos sócios começa a colocar os filhos na empresa. A esposa do outro já começa a reclamar dizendo:
"– Olhe Bem. O seu sócio está de fininho colocando os filhos dele lá dentro e não vai sobrar nada para nossos filhos quando eles crescerem, Você vai ver!"

Ou ainda:
"– A nossa empresa não é Reformatório para o seu sócio ir colocando aqueles delinqüentes dos filhos dele lá! Já andei sabendo que eles não fazem nada o dia inteiro e que o único que trabalha direito é o **nosso** filho. E Você ainda deu para ele o pior trabalho e até humilhante para um filho de um Dono - **o Xerox!**"

E, quando um dos sócios só tem filhas, a coisa realmente complica:

"– O seu sócio que não pense que porque só temos filhas, nossos genros não vão trabalhar na empresa quando casarem. Ele está pondo os filhos dele lá para já irem tomando conta de tudo e não darem chance para nossos futuros genros. Mas eu não vou permitir e até já falei alguma coisa na cabeleireira que a Fulana (esposa do outro sócio) freqüenta para ver se chega até os ouvidos dela e ela se manca um pouco..."

E, o pior é que muitos pais colocam seus filhos em funções "nobres" da empresa, para as quais não estão preparados. O ideal seria que os filhos dos donos trabalhassem primeiro em outras empresas para depois virem trabalhar nas empresas dos pais. Daí teriam um pouco mais de experiência e até um certo "curriculum" além do "Filho".

Na verdade, o problema da sucessão é tão complexo que quase nunca é tratado abertamente pelos sócios. Esse assunto é um verdadeiro "Tabu"! E, com essa atitude de fingir, um para o outro, que o problema não existe ou que não é sério, ou ainda, que "eles" (os herdeiros) no futuro se acertarão, os problemas vão se tornando verdadeiras bombas de efeito retardado.

O problema sucessório tem que ser claramente enfrentado pelos sócios de maneira séria e adulta. E, muito importante: Devem participar das discussões e decisões, as **esposas,** para que fiquem cientes e conscientes das políticas e estratégias que serão adotadas para a sucessão empresarial. Quanto antes esse assunto for tratado, melhor. Deixar sem discutir, para evitar atritos é, na verdade, a pior das políticas.

Essa é uma das razões dos ditados comuns que vemos surgindo a respeito de empresas familiares como "Pai rico, filho nobre, neto pobre" e outros.

Essa também é uma das razões pelas quais as empresas brasileiras têm uma vida média de 10 ou poucos anos mais. Geralmente, boas empresas não resistem ao processo sucessório mal conduzido. E ele tem que ser conduzido quando tudo está bem e, principalmente, enquanto os titulares estão bem de saúde física e mental.

7 DICAS E CONSELHOS PARA A SOBREVIVÊNCIA PACÍFICA

Como dizem os assumidos, "Sociedade é Fogo!" Mas, na maioria das vezes, a convivência pacífica é uma necessidade imperiosa. Chegamos até aqui e não temos como nos livrar de nosso sócio ou sócios.

Para esses casos, aqui vão algumas dicas e conselhos:

1) Paciência!

2) Paciência!

3) Paciência!

Pode parecer exagero, mas sem MUITA PACIÊNCIA, não há sociedade que resista. Nem a conjugal! Por isso, os três primeiros conselhos são os da virtude de Jó. Não preciso explicar os motivos. Todos aqueles que têm sócio ou sócios já sabem e, com certeza, utilizam há muito tempo essa santa virtude.

4) Não reclame de pequenas coisas.
Se Você for reclamar de tudo o que seu sócio faz e com o que Você não concorda, Você não fará outra coisa senão reclamar. Assim, procure não reclamar de pequenas coisas. Para isso, tenha uma escala própria de medidas e valores e deixe passar tudo o que não seja realmente importante.

5) Não comente muito com sua mulher sobre as atitudes de seu sócio.

A esposa, em geral, toma cegamente a defesa de seu marido, portanto, a sua defesa. Se todos os dias Você chegar em casa e contar "mais uma" de seu sócio, ela irá acumulando um verdadeiro "ódio" dele que será difícil combater após algum tempo. Na convivência diária, até Você poderá ter esquecido algumas dessas coisas que seu sócio fez no passado. Mas, com certeza, sua mulher jamais esquecerá uma por uma das "muitas e boas" que ele aprontou para Você. E ter uma mulher "contra" seu sócio é o primeiro passo para uma sociedade infeliz e cheia de problemas. Ela transferirá esse sentimento para a mulher do sócio, para os filhos do sócio e a coisa ficará realmente ruim para o seu lado.

6) Não dê muito ouvidos à sua Secretária nos comentários sobre seu sócio.

As Secretárias competem entre si. Assim, muitas vezes elas poderão aumentar um pouco a gravidade de um fato, para chamar sua atenção no intuito de criar situações difíceis para a **secretária do outro sócio.** Assim, é preciso ter-se um pouco de cuidado com o que a secretária comenta sobre o outro sócio, principalmente sobre coisas que ela soube que o outro disse de Você...

7) Se Você tem motorista, cuidado com o que fala para ele ou perto dele.
Não se esqueça que motorista é cargo de "direção", i.e., além de ficar o dia inteiro no "volante" é um cargo de grande intimidade com Você, às vezes. E, se não é, fique sabendo que ele diz ser. Geralmente, ele é também muito amigo do motorista de seu sócio.
Assim como ele conta tudo o que o seu sócio disse para o motorista dele sobre Você, ele também contará ao motorista de seu sócio, seus comentários sobre o chefe dele, i.e., seu sócio. Falar confidências parece fazer parte do "Código de Ética" dos motoristas particulares. Portanto, cuidado!

Essas sete dicas ou conselhos de ordem prática são fundamentais se Você quiser manter uma convivência pacífica, pelo menos no que for possível. Há muitas outras dicas que poderíamos enumerar aqui. Porém, cabe a cada sócio observar com todo o cuidado a sua sociedade e criar a sua própria relação de conselhos para uma sobrevivência pacífica.

CONCLUSÃO: VALE A PENA??

Uma questão que realmente fica após a leitura deste pequeno livro é: VALE A PENA??

É claro que não! E essa é a resposta mais correta e firme que pode ser dada e que é confirmada por todos aqueles que tiveram a coragem de se desvencilhar de uma sociedade.

Porém, as coisas nem sempre são fáceis assim. Às vezes já fazemos parte da 2ª ou 3ª geração ou ainda o nosso negócio é hoje tão grande que não há como realizar uma separação sem o rompimento global de toda a estrutura da empresa ou até de um grupo de empresas.

Há casos muito graves, onde tudo, ou quase tudo é em sociedade e uma separação demandaria muito tempo, dinheiro e desgaste público, o que não compensa.

Nesses casos em que o erro fundamental de ter constituído uma sociedade é irreparável, só resta o consolo de saber que **nenhuma sociedade do mundo dá certo** e que todos aqueles que Você vê e que dizem ser felizes e satisfeitos nas suas sociedades, são, de fato, os mais **espertos** e fazem o jogo do "faz-de-conta" da Poliana ou o "jogo do contente".

Há sociedades para as quais vale a máxima do **"ruim com ele, pior sem ele"**. E há ainda sócios que já estão tão acostumados a sofrer que não saberiam como viver sem as brigas e fofocas de uma sociedade. Conheci a esposa de um sócio sofredor que me disse achar ótimas as brigas com o sócio, pois com isso ela (a esposa) era poupada, pois o marido chegava em casa manso e bom de tanto "pelejar" com o sócio na empresa.

A verdade é que numa sociedade é preciso muita abertura de ambos os sócios para que os problemas sejam minorados. O problema parece ocorrer justamente pela falta de comunicação e abertura. Os problemas e as "rusgas" vão se acumulando dia após dia e chegam num momento de explosão. E,como ela não pode ocorrer, a guerra continua, surda, ferina, voraz e muitas vezes pouco ética.

Se Você tem um sócio ou sócios e acredita não poder se livrar dele ou deles, a única coisa que posso lhe dizer no final deste livro é, novamente, PACIÊNCIA!

SOBRE O AUTOR

LUIZ ALMEIDA MARINS FILHO.

- Doutor (Ph.D.) em Antropologia na Austrália, onde estudou os aborígines australianos, o Prof. Marins vem se dedicando ao estudo das empresas e desenvolvendo a Antropologia Empresarial. Estuda as relações de forças existentes na empresa e propõe medidas de ordem prática para o reforço dos aspectos positivos da empresa e para o "fade" das forças contrárias ao desenvolvimento da empresa como grupo humano em interação.

- Fundador da ANTHROPOS Consultoria S/C Ltda. presta consultoria a inúmeras empresas nacionais e estrangeiras no campo de desenvolvimento empresarial, marketing e principalmente na adequação dos processos estratégicos e táticos das empresas à realidade cultural brasileira.

PRODUÇÃO GRÁFICA:
PAULO DE TARSO SIMÕES DE ALMEIDA

ILUSTRAÇÃO:
ROBERTO NEGREIROS

Impressão e acabamento
Cromosete
GRÁFICA E EDITORA LTDA.
Rua Uhland, 307 - Vila Ema
Cep: 03283-000 - São Paulo - SP
Tel/Fax: 011 6104-1176